SOMNIUM

Johannes Kepler

SOMNIUM

La primera novela de ciencia ficción de la historia

EDITORIAL
LETRA MINÚSCULA

Segunda edición: 2024
ISBN: 978-84-10245-58-7

Introducción, notas y traducción de Valentín Márquez
Editado por Editorial Letra Minúscula
www.letraminuscula.com
contacto@letraminuscula.com

ÍNDICE

PRÓLOGO

Con sus menos de siete mil palabras, *Somnium* es considerada por muchos estudiosos como la primera novela de ciencia ficción de la historia. Su nombre completo en latín, idioma en el que fue escrita originalmente, es *Somnium sive Astronomia lunaris*, el cual significa *El sueño o astronomía de la luna*. Su autor es Johannes Kepler. La obra fue escrita en 1608, pero se publicó de forma póstuma en 1634.

La historia cuenta la aventura que el joven islandés Duracotus vive junto a su madre, Fiolxhilda, cuando ambos emprenden en un sueño un viaje a la luna durante un eclipse solar gracias a un conjuro mágico, el cual es posible gracias al oficio de la madre de nuestro héroe, quien es hechicera y conocía de antemano al demonio que hará posible la travesía espacial.

Una vez que llegan a la luna, Duracotus y su madre entran en contacto con los selenitas, los habitantes de la luna, y comienzan a aprender acerca del estilo de vida en ambos hemisferios de la luna, subvolva y privolva. La trama de la novela gira en torno a una pregunta que Kepler, como el astrónomo que era, se debe haber hecho cientos de veces desde su punto de observación: ¿Cómo lucirían los astros y planetas desde el espacio exterior? A su vez, también aparece planteada la cuestión acerca de si sería posible ver a simple vista las vueltas que da la Tierra sobre su propio eje a mil seiscientos setenta kilómetros por hora.

Kepler pretende, amparado en los grises que otorga la ficción y apoyado en las certezas de la ciencia, conferirle a su personaje el privilegio de ser testigo ocular de que la Tierra permanece en constante movimiento. Con esto estaría demostrando la teoría heliocéntrica de Copérnico. Dado que brindarle al ser humano de a pie explicaciones astronómicas sería una tarea titánica debido a las complejidades matemáticas que esta ciencia presenta, *Somnium* le sirvió de puente para explicarles a las personas que nada entendían de ciencia todo lo que ocurre en las cercanías del vasto universo que nos rodea y en nuestro propio hogar: la Tierra.

Si había algo que Kepler tuvo muy claro mientras hacía correr la pluma en el papel para crear esta amena y vertiginosa obra de ficción, fue que nunca podría ser divulgada, al menos no mientras la Iglesia no renunciara a su postura inflexible acerca de que la Tierra era plana y que el sol giraba a su alrededor y, muy especialmente, que estábamos solos en el universo. Sin embargo, los amigos de lo ajeno no tardaron en hacer de las suyas. Fue en 1611 que una copia del manuscrito de la novela cayó en las manos equivocadas, manos que no dudaron en hacerlo correr por todas partes. No pasó mucho tiempo antes de que la Iglesia se enterara acerca de un viaje al espacio que fue posible gracias a un hechizo, de un grupo de selenitas y de la hechicera que hacía tratos con un demonio y que era la madre de un personaje que a todas luces parecía ser un mero pseudónimo tras el cual se escondía un protagonista que no caminaba entre las páginas de un manuscrito, sino en la vida real.

Quien pagó las consecuencias fue Katharina, la madre de Kepler, quien fuera enviada a prisión bajo la peor acusación que una mujer podía recibir en el siglo XVII: la de brujería.

La Alemania del siglo XVII asesinó a unas sesenta mil personas, la mayoría mujeres, por ser consideradas brujas. Estas personas eran ultimadas en la hoguera, piras que se construían de forma tal que las corrientes de aire les impidieran a las desafortunadas víctimas morir asfixiadas por el humo, sino que el diseño estaba pensado para que la persona muriera quemada viva, literalmente, el cual es un proceso infinitamente más prolongado y doloroso que la asfixia.

Los selenitas que ofician de personajes secundarios en *Somnium* son los ficticios seres que se creía habitaban la luna. La creencia surge en la civilización griega y, gracias a la literatura de ciencia ficción, se extiende hasta el siglo XIX. Cuando Kepler le dio vida a esta obra, la creencia en la existencia de los selenitas estaba en su pleno apogeo, así como también en el blanco hacia el cual la Iglesia disparaba.

Las exploraciones de Galileo Galilei (1564-1642) a través del telescopio que él mismo había creado le permitieron derribar la teoría aristotélica de una luna lisa y perfecta, ya que su lente perfeccionada para aumentar los objetos veinte veces sin distorsionarlos le presentó ante sus ojos una superficie montañosa. Este descubrimiento no hizo otra cosa que aumentar el interés de los seres humanos en finalmente poder entablar un contacto con los selenitas.

La fascinación por estos seres fue tal que la euforia por contactarlos no cesó cuando la literatura y la ciencia mermaron su insistencia en esta narrativa. Una anécdota muy curiosa y pintoresca ocurrió en el año 1835. El 25 de agosto de ese año, el periódico *New York Sun* llenó las calles neoyorquinas con la primicia de que John Herschel, el afamado científico que descubrió a Urano, había encontrado vida en la luna. El sueño de millones de personas parecía haberse cumplido al fin.

Según publicó el medio impreso, por medio de un telescopio de tamaño colosal y de un aumento del cuarenta y dos mil, el astrónomo que había elaborado la cartografía completa de misterios celestes, fue capaz de visualizar sobre la superficie lunar grandes áreas verdes, vastos mares, playas de ensueño e islas paradisíacas. Correteando por su frondosa superficie, vio animales cuyas formas se asemejaban a los bisontes, solo que varios centímetros más pequeños y de un solo cuerno, así como también ciervos colosales y unicornios azules.

A pesar de que toda esta información ya hubiera bastado para generar una interminable lista de espera para viajar a la luna, la cereza del pastel aún estaba por llegar. Resultaba ser que Herschel había llegado a ver seres humanoides deambulando por la luna, cuya única diferencia con la raza humana era que estos estaban dotados de alas. No cabía duda alguna, los selenitas eran tan reales como cualquier habitante del planeta Tierra, con la salvedad que su morfología les mereció el nombre de «hombres murciélago».

Un templo de zafiro era la construcción en torno a la cual vivían, y dominaban el fuego tan bien como nosotros. Durante los días que le siguieron a la publicación, los ciudadanos estadounidenses no hicieron otra cosa que comentar y regocijarse con la idea de que no estábamos solos en la vastedad del universo.

Frente a todo este revuelo y agitación, es fácil imaginar la conmoción que generó en la sociedad enfrentarse a una verdad que muchos hubieran preferido no conocer. No fue Herschel quien había divulgado la noticia de esta exótica estirpe de selenitas, sino el periodista Richard Adams. ¿Es que este buen hombre tenía a su disposición un telescopio de tal magnitud? Definitivamente no a ambas preguntas, ya que no era bueno ni tenía un telescopio, sino tan solo unas enormes ganas de burlarse de Thomas Dick, un astrónomo muy respetado en la comunidad científica, que había estimado que la población selenita superaba los cuatro mil millones. Por supuesto que, de paso, la *fake news* le sirvió para disparar las ventas del periódico, ya que lo que menos hizo la población estadounidense el toparse con semejante titular fue dudar.

Lo que sea que haya sido su verdadera motivación, gracias a esta esperanzadora noticia el *New York Sun* pasó a ser el periódico más vendido de todo el globo.

Este suceso demostró que las personas estaban más propensas a creer lo que queríamos que nos dijeran que a cuestionar la veracidad de la información que recibían. De más está decir que Herschel jamás participó de esta estafa o broma de mal gusto, según se la mire, sino que se sorprendió tanto o más que el resto de la población al descubrir que su nombre había sido secuestrado para perpetrar el ladino plan.

Hay una buena y una mala noticia con respecto a Katharina, la madre de Kepler. La buena es que haber sido nombrado matemático imperial en la Corte de Rodolfo II después de la muerte del más grande observador del cielo antes de la era del telescopio, Tycho Brahe, le sirvió a Kepler para que sus reclamos fueran escuchados y finalmente atendidos: por lo que su madre fue liberada de prisión y se salvó de las fauces de la hoguera. Adicionalmente, nunca fue torturada, situación bastante peculiar cuando se toma en cuenta los procedimientos utilizados por la Santa Inquisición. Sin embargo, es pertinente mencionar que su hijo se vio en la necesidad de hacer uso de su oratoria y de su influencia como científico destacado de su país para que aceptaran dejarla libre, empresa que le tomó seis años de su vida. La mala noticia es que Katharina vivió apenas seis meses después de haber recobrado su libertad.

Johannes Kepler nació el 27 de diciembre de 1571 en Weil der Stadt, Sacro Imperio Romano Germánico (actual Alemania). La familia de Johannes era de fe luterana protestante. Aunque su abuelo había sido alcalde, para cuando él nació, la situación económica y social de su familia había sufrido un declive tan severo que se encontraban en decadencia. Su padre (Heinrich Kepler) rara vez estaba en casa, ya que su puesto de mercenario en el ejército del duque de Wurtemberg (el Ducado de Wurtemberg fue miembro del Sacro Imperio Romano Germánico desde 1495 hasta 1806) demandaba su presencia a tiempo completo. Su madre regenteaba una casa de huéspedes, actividad que compartía con sus dotes de curandera y herborista, algo que a la Iglesia le sirvió para sustentar la acusación de brujería que hizo recaer sobre ella.

Johannes vino al mundo cuando su madre llevaba siete meses de embarazo. Haber sido un bebé prematuro tuvo un alto coste para el futuro astrónomo, ya que su frágil salud lo llevaría a contraer viruela a los tres años de vida, enfermedad que tuvo un grave impacto negativo sobre su visión. Su condición de hipocondríaco, lejos de ayudar, contribuyó a que su sistema inmunológico se siguiera debilitando y, en consecuencia, las enfermedades continuaran hostigándolo.

A pesar de ello, Johannes fue un pequeño muy locuaz y vivaracho que se deleitaba poniendo en práctica sus habilidades matemáticas y exhibiéndolas a los numerosos huéspedes que se alojaban en la hostería de su madre.

La familia Kepler estaba compuesta por el matrimonio y por sus cuatro hijos: Margarette, Heinrich, Christopher y Johannes. Durante el período comprendido entre los años 1574 y 1576, Johannes fue trasladado a la casa de sus abuelos junto con Heinrich, quien era epiléptico, debido a que su padre se hallaba en campaña y su madre había emprendido un viaje en su busca. Al año siguiente del regreso de sus padres al hogar, Johannes ingresó en la escuela latina de Leonberg. En ese entonces contaba apenas con cinco años de edad.

Ese mismo año presenció la trayectoria del cometa Tycho Brahe, nombrado así en honor al astrónomo. Su madre lo llevó a un lugar alto para que pudiera verlo en todo su esplendor, algo que no resultó nada difícil si tomamos en cuenta que el cuerpo celeste tenía un diámetro ciento veinte veces más grande que el de la luna, que su superficie brilló en el firmamento con mayor intensidad que la que emite nuestro satélite natural en sus mejores noches y que su estela ocupó sesenta grados en el cielo. Otra particularidad del cometa que despertaría el interés de Johannes por los asuntos que ocurrían más allá de lo que el ojo humano alcanza a ver fue el hecho de que el cometa irrumpió en el cielo en noviembre de 1577 y allí se quedó hasta marzo de 1578, fascinando a todo aquel que se dispusiera a observarlo a simple vista. La órbita parabólica que trazó el cometa alrededor del sol sirvió para validar con mayor fuerza la teoría heliocéntrica planteada por Copérnico. Por último, la gran labor de este cometa fue la de finalmente destruir la teoría planteada por Ptolomeo (100-170) acerca de que los planetas se encontraban apoyados sobre esferas de cristal, lo cual simplemente se vino abajo cuando se observó al cometa «atravesar» las supuestas esferas de cristal sin desviarse.

Su padre también tuvo un rol decisivo en despertar en Johannes su interés por la astronomía. Cuando tenía nueve años, este le mostró el eclipse de luna que tuvo lugar el 31 de enero de 1580, del cual Johannes recordaría el intenso color rojo que lucía la gran protagonista de la noche ese día. Mucho más adelante, Kepler se interesaría por la óptica, el fenómeno mediante el cual es posible explicar lo que sucedió con la luna durante el eclipse que tanto lo impactó, así como también unos cuántos fenómenos más.

A Johannes no le fue sencillo terminar sus estudios, ya que, entre los nueve y los once años trabajó como jornalero agrícola. Sin embargo, su ciclo de tres años quedó finalizado en 1583. Después de haber cursado el resto de sus estudios en el Seminario protestante de Adelberg y en el Seminario superior de Maulbronn, en 1589 obtuvo el diploma necesario para entrar en la universidad. Ese mismo año, su padre partiría para la guerra y nunca más regresaría.

En la Universidad de Tubinga estudió ética, retórica, dialéctica, hebreo, griego, física, astronomía, ciencias humanas y teología. En 1591 obtuvo su maestría, pero continuó estudiando. Su dedicación y grandes avances despertaron el interés de su profesor de matemáticas, el astrónomo Michael Maestlin, quien lo incluyó en el selecto grupo de estudiantes a los que les enseñaba la teoría heliocéntrica de Copérnico. Fue así como Kepler se convirtió en uno de los pocos elegidos a quienes se les enseñó que la Tierra giraba alrededor del sol, mientras que el resto de los estudiantes continuaban recibiendo como verdad absoluta el sistema de Ptolomeo, el cual era geocéntrico, por lo cual afirmaba que la Tierra permanecía estática, nada menos que en el centro del universo, mientras los planetas, el sol y la luna giraban a su alrededor. Gracias a la consideración de Maestlin, Kepler fortaleció su relación con él y frecuentemente le solicitaba consejos para sus trabajos e investigaciones.

Corría el año 1594 cuando a los oídos de Kepler, quien se encontraba estudiando teología para convertirse en pastor luterano, llegó la noticia de que la escuela protestante de Graz, en Austria, estaba en afanosa búsqueda de un profesor de matemáticas. Postuló para el puesto, obviamente, fue calurosamente acogido como nuevo miembro del personal. Los planes de una carrera religiosa entonces quedaron atrás, así como también su antigua vida en Tubinga, en Alemania.

Durante su estancia en Graz, publicó sus propios calendarios de predicciones astrológicas que él mismo elaboraba. En aquella época, aún se creía que el movimiento de los astros ocurría por mandatos divinos, por lo que la ciencia y la creencia caminaban codo a codo.

En 1597, Johannes se casó con Barbara Müller. Ella muere en 1612. La pareja tuvo seis hijos.

Doce años antes, en el 1600, el archiduque Fernando II de Austria elaboró un edicto que iba dirigido expresamente contra los protestantes, lo cual obligó a Kepler a abandonar Austria. El destino elegido en esta ocasión fue Praga, en la actual República Checa. De hecho, muchos protestantes que se quedaron fueron asesinados por orden del archiduque. Llegó a la mencionada ciudad por invitación de Tycho Brahe, quien había quedado positivamente sorprendido al leer algunos de sus trabajos. Un año más tarde, Brahe murió y fue entonces que Kepler recibió el nombramiento pertinente para ocupar su lugar.

Un año después de la muerte de su esposa, contrajo matrimonio con Susanne Reuttinger, en Linz, nuevamente en Austria. Con Susanne tendría siete hijos, de los cuales sobrevivirían cuatro. Linz fue la ciudad en la que se afianzó durante muchos años. Allí trabajó incansablemente. La Universidad de Linz recibió su nombre, denominación que ha persistido hasta nuestros días.

Las ideas de Kepler colisionarían con la Santa Sede, lo cual tendría como consecuencia que su *Astronomiae Copernicanae* fuera incluida en el listado de los libros prohibidos por la Iglesia debido a su inmoralidad y carácter herético y pernicioso.

Kepler murió en 1630, a los cincuenta y ocho años, víctima de fiebre, en Baviera, Alemania. Un mes antes había recibido la gran decepción de percatarse de que jamás sería resarcido, tal como se lo había prometido el político y caudillo militar Albrecht Wenzel Eusebius von Wallenstein, por la deuda que la Corona mantenía con él, razón por la cual había abandonado Silesia en busca de empleo.

El ejército sueco destruyó su tumba en 1632, en el marco de la Guerra de los Treinta años. También se perdieron sus trabajos, pero fueron recuperados en 1773 por Catalina La Grande de Rusia. Actualmente todos ellos se encuentran en el Observatorio de Pulkovo, en San Petersburgo.

Kepler dedicó su vida a comprender las fuerzas que impulsan el movimiento planetario. En los comienzos de sus investigaciones, creyó que los astros se movían debido a las leyes pitagóricas de la armonía, teoría que se conoce como la música de las esferas celestes. En 1596 escribió *El misterio cósmico*, libro que contenía sus ideas acerca de que las distancias de los respectivos planetas al sol estaban marcadas por esferas contenidas dentro de poliedros perfectos, las cuales se encontraban contenidas unas dentro de otras. El modelo copernicano estuvo presente en toda su obra.

En 1627 publicó *Tabulae Rudolphine*, obra que le demandó un enorme esfuerzo y dedicación, y que sería utilizada en todo el mundo para calcular las distancias de las estrellas y de los planetas. Mediante el uso de su teoría del movimiento planetario pudo calcular el tránsito de Venus de 1631, lo cual le daría la satisfacción de confirmar su teoría.

La supernova de Kepler, observada por el astrónomo en 1604 en la constelación de Ofiuco, fue la última supernova que se detectó en nuestra Vía Láctea hasta la fecha.

Durante la última etapa de su vida, Kepler haría una afirmación controversial: que el crecimiento y la retracción de las mareas se debía a la atracción que la luna ejercía sobre los mares. Mucha gente se rio, otro tanto se burló y una pequeña fracción se compadeció de su evidente «demencia senil», pero otro grupo de gente confirmó la veracidad de esta información. Lamentablemente, esto ocurrió después de su muerte.

Una de sus más famosas frases expone lo siguiente: «Deseaba ser teólogo, pero ahora me doy cuenta a través de mi esfuerzo de que Dios también puede ser celebrado a través de la astronomía».

Valentín Márquez

En mil seiscientos ocho, cuando estallaron las discordias entre los dos hermanos, el príncipe Rodolfo y el archiduque Matías[1], el pueblo escudriñó sus acciones y las comparó con ejemplos tomados de la historia de Bohemia[2]. La misma curiosidad me impulsó a estudiar las leyendas de Bohemia. Cuando me topé por casualidad con la leyenda de la virago[3] de Libia, tan célebre en el arte de la magia, algo sucedió. Cierta noche, después

1 Rodolfo II de Habsburgo (1552-1612), nacido en Viena, fue archiduque de Austria, rey de Hungría y Emperador del Sacro Imperio Romano Germánico desde 1576 hasta 1612. Matías de Habsburgo (1557-1619), nacido en Viena, fue emperador del Sacro Imperio Romano Germánico desde 1612 hasta 1619.

2 Bohemia es una de las tres regiones históricas que forman parte de la actual República Checa. Cuando aún era el Reino de Bohemia, conformó una monarquía medieval que se extendió hasta la temprana Edad Moderna. A su vez, fue un estado del Sacro Imperio Romano Germánico gobernado por un rey con el cargo de príncipe elector. Una vez el citado imperio se hubo desintegrado, Bohemia pasó a formar parte del Imperio austrohúngaro.

3 Una virago es una mujer que ostenta fortaleza y valentía. En la Antigua Grecia, las mujeres que, sin pertenecer a la élite ni ser heroicas, demostraban valentía de carácter y eran capaces de realizar hazañas excepcionales, eran ascendidas a la categoría de virago. Tales mujeres encarnaban una agresividad y espíritu combativo que lindaba con una personalidad masculina.

de haber contemplado atentamente la luna y las estrellas, me instalé apaciblemente en mi diván y caí en un sueño bastante profundo. Mientras dormía, me pareció tomar un libro de la estantería y leerlo. La historia del libro era la siguiente.

Mi nombre es Duracotus y mi patria Islandia, llamada Thule por los antiguos. Mi madre, Fiolxhilda, que murió hace poco, me dio la libertad para escribir algo que deseaba ardientemente. Mientras ella vivió, se ocupó diligentemente de que yo no escribiera, pues decía que había muchos maliciosos usurpadores de las artes, que por no entender nada, a causa de la ignorancia de su mente, las tergiversaban y hacían leyes perjudiciales para el género humano. Bajo estas leyes, muchos mortales habrían sido seguramente condenados y tragados por los abismos de Hekla[4]. Nunca me dijo cómo se llamaba mi padre. Afirmó que era un pescador que había muerto a la edad de ciento cincuenta años, cuando yo tenía tres. Llevaban casados más o menos setenta años.

En mi primera infancia, mi madre solía llevarme de la mano o en brazos a las crestas más bajas del monte Hekla, especialmente en torno a la fiesta de San Juan[5], cuando el sol, visible durante veinticuatro horas[6], no deja lugar a la noche.

---

4 Hekla es un estratovolcán (volcán de forma cónica de gran altura que se encuentra compuesto de varias capas de estrato y de lava petrificada) ubicado en la región suroeste de Islandia.

5 Es una celebración que tiene lugar la noche del 23 de junio en honor al Nacimiento de San Juan Bautista, el 24 de junio. Antiguamente, las celebraciones consistían en ritos paganos que rememoraban sacrificios humanos. En la actualidad, se enciende una hoguera. El ritual comenzó en países mediterráneos, pero se está expandiendo hacia otras partes del mundo.

6 Durante los días próximos al solsticio de verano, en el círculo polar ártico se produce el fenómeno conocido como sol de medianoche, en el cual el sol permanece visible las veinticuatro horas del día.

Recogía muchas hierbas y en casa las cocinaba con diversos ritos religiosos. Hacía pequeños sacos con pieles de cabra y, una vez inflados con brebajes de hierbas, los llevaba al puerto vecino para venderlos con el fin de aplacar a los capitanes de los barcos. Así se proveía de medios de subsistencia.

En una ocasión, por curiosidad, abrí uno de los sacos. Mi madre, ignorante de lo ocurrido, lo vendió. Había sacado las hierbas de la tela de lino, adornada con labores de aguja y que mostraba diversos símbolos. Al abrir el saco, la había defraudado. Mi madre, encolerizada, dijo que me entregaría al capitán en lugar del saco, para que ella pudiera quedarse con el dinero. Al día siguiente, el capitán zarpó inesperadamente del puerto con viento favorable rumbo a la isla de Noruega. Tras varios días bajo el creciente viento del norte se situó entre Noruega e Inglaterra. Atravesó el canal y se dirigió hacia Dinamarca porque tenía cartas de un obispo islandés que debía entregar al danés Tycho Brahe, que vivía en la isla de Hven[7]. Yo era entonces un muchacho de catorce años y me estaba poniendo gravemente enfermo a causa de las sacudidas del barco y de la inusual temperatura del aire. Cuando el barco hubo desembarcado junto con las cartas, el capitán me dejó allí, en casa de un pescador de la isla, y zarpó de nuevo con la promesa de volver.

Una vez entregadas las cartas, Brahe, muy alegre, empezó a hacerme muchas preguntas. Yo no le entendía porque no conocía el idioma, salvo algunas palabras. Dedicaba todo su tiempo a sus alumnos, de los que se ocupaba todo lo que podía. Gracias a la permisividad de Brahe, podían hablar conmigo

7 Actualmente isla de Ven. Es una isla perteneciente a Dinamarca y situada en la provincia de Escania, cuya población actual es inferior a cuatrocientos habitantes.

con frecuencia. Después de unas semanas de práctica empecé a hablar danés de forma aceptable. Estaba tan dispuesto a responderles como ellos a interrogarme. Me maravillé ante una gran cantidad de objetos desconocidos. Conté a mis admiradores muchos sucesos recientes de mi patria.

Finalmente, cuando el capitán del barco regresó para llevarme de vuelta, Brahe decidió quedarse conmigo. Esto me hizo muy feliz.

Los ejercicios astronómicos me agradaron extraordinariamente. Durante noches enteras Brahe y sus alumnos se dedicaron al estudio de la luna y las estrellas utilizando máquinas maravillosas. Esta práctica me hizo recordar a mi madre, ya que ella también conversaba frecuentemente con la luna. Por esta corriente de acontecimientos, aunque se me consideraba un semibárbaro[8] a causa de mi lugar de nacimiento y de mis circunstancias indigentes, adquirí el conocimiento de la más divina de las ciencias, que preparó mi camino para mayores logros.

Después de vivir en esta isla de Hven durante varios años, quise volver a visitar mi tierra natal. Dada la ciencia que había adquirido, supuse que no me sería difícil ascender hasta cierto grado de honor en mi propia nación de hombres no cualificados. Pedí permiso a mi patrón para partir, me despedí de él y llegué a Copenhague. Mis compañeros de viaje me tomaron libremente bajo su protección debido a mi familiaridad con su lengua y su país. Regresé a casa cinco años después de haber partido.

---

8 El término surge en la Grecia Clásica para hacer referencia a las personas que vivían en las fronteras del ecúmene (fronteras del mundo conocido por una determinada cultura) y cuyas costumbres eran paganas o bárbaras.

Mi primer motivo de alegría al regresar fue comprobar que mi madre seguía viviendo y prestando los mismos servicios que antes. Como yo seguía vivo y disponía de un medio de subsistencia, puse fin a su continuo dolor por haber abandonado a su hijo en un arrebato de cólera. Se acercaba el otoño y se aproximaban nuestras largas noches. En diciembre, el sol, que apenas sale un poco al mediodía, vuelve a ocultarse al poco rato. Mi madre permanecía cerca de mí ahora que estaba libre de su trabajo y no me abandonaba fuera donde fuera. Debido a mis cartas de recomendación, me interrogaban sobre las tierras que había visitado, e incluso me hacían preguntas sobre el cielo. Mi madre se complacía en comparar la amplitud de conocimientos que yo había reunido y lo que ella misma descubría como verdadero. Declaró que ahora estaba dispuesta a morir para poder dejar a su hijo heredero de esa información que solo ella poseía.

Por naturaleza tenía verdadera sed de aprender cosas nuevas. Así que le pregunté a mi madre por su arte y qué profesores de su país destacaban por encima de los demás. Entonces, cierto día, cuando tuvo tiempo libre para hablar, repitió todo lo que sabía desde sus primeros años de vida de la siguiente manera: «Duracotus, hijo mío, el conocimiento está disponible no solo en otras provincias a las que has viajado, sino también en nuestra propia patria. Tú me has hecho comprender el encanto de otras regiones. Pero, aunque tengamos frío, oscuridad y otras incomodidades que ahora siento que nos oprimen, aún abundamos en gente con talento. Tenemos entre nosotros espíritus muy dotados que rehuyeron la luz mayor de otras regiones y el parloteo de los hombres, y buscaron nuestras zonas de sombra para conversar familiarmente con nosotros. De estos espíritus, nueve eran importantes. Uno de ellos, por lejos el más gentil e inocente, me era particularmente conocido. Este espíritu se revelaba por veintiún marcas. A menudo, en una fracción de segundo, era transportado por su poder a otras costas que yo misma elegía. Si me mantenía alejada de ciertos lugares a causa de su lejanía, ganaba terreno indagando sobre ellos como si estuviéramos allí presentes. Repasó para mí muchos datos sobre esos objetos que tú habías examinado con los ojos, aceptado de un informe, sacado de los libros. Me gustaría especialmente que te convirtieras en espectador, en mi compañero, de aquella región de la que me habló. ¡Qué maravillosas fueron las cosas que me contó sobre ella!».

Sin demora, accedí a que convocara a su maestro. Me senté ante ambos, preparado para escuchar tanto el propósito completo del viaje como la descripción de la región. La primavera había llegado. Tan pronto como la luna estuvo en cuarto creciente, comenzó a brillar, ya que el sol se había escondido bajo el horizonte para unirse al planeta Saturno en el signo de Tauro. Mi madre se apartó de mí en la encrucijada más cercana y, pronunciando a gritos unas pocas palabras en un clamor fuerte, expresó su petición. Después de completar las ceremonias, regresó y, exigiendo silencio con la palma de su mano derecha extendida, se sentó cerca de mí. Apenas habíamos ocultado nuestras cabezas con un pañuelo (como era la costumbre) cuando he aquí que surgió el carraspeo de una voz ronca y ceceante que inmediatamente comenzó a hablar de esa manera, pero en la lengua isleña.

EL DEMONIO DE LEVANIA

La isla de Levania se encuentra a cincuenta mil millas alemanas[9] de altura. El viaje de ida y vuelta a esta isla desde nuestra tierra rara vez está abierto; pero cuando es accesible, resulta fácil para nuestra gente. Sin embargo, el transporte de hombres, unido como está al mayor peligro de la vida, es sumamente difícil. No admitimos en esta comitiva a hombres sedentarios, corpulentos o fastidiosos. Elegimos más bien a aquellos que pasan el tiempo montando persistentemente veloces caballos o que navegan con frecuencia a las Indias, ya que están acostumbrados a subsistir a base de pan dos veces cocido, ajo, pescado seco y otros platos desagradables. Hay viejas curtidas especialmente indicadas para nuestro propósito. La razón es bien conocida. Desde su más tierna infancia están acostumbradas a cabalgar sobre cabras, o a pelo, y a viajar por caminos estrechos y a través de la inmensa extensión de la tierra. Aunque los alemanes no son adecuados, no rechazamos los cuerpos curtidos de los españoles.

9 La milla alemana mide 7 532.5 metros.

Todo el viaje[10], por lejano que sea, se completa en cuatro horas como máximo. Nuestra hora de salida tiene lugar cuando estamos más ocupados, antes de que la luna comience su eclipse en su sección oriental. Si la luna se llena cuando aún estamos en camino, nuestro viaje de regreso es imposible. La ocasión se hace tan breve que tenemos pocos humanos y ningún otro ser salvo los más serviciales hacia nosotros. Formando una columna, tomamos a cualquier hombre de este tipo y todos empujando hacia arriba lo elevamos a las alturas. El choque inicial es la peor parte para él, pues es lanzado hacia arriba como por una explosión de pólvora y vuela por encima de montañas y mares. Por eso, antes de volar, hay que drogarlo con narcóticos y opiáceos. Sus miembros deben ser cuidadosamente protegidos para que no le sean arrancados: el cuerpo de las piernas y la cabeza del cuerpo, y para que el retroceso no se expanda hacia todos los miembros de su cuerpo. Entonces se enfrentará a nuevas dificultades: frío intenso y respiración dificultosa. Estas circunstancias, que son naturales para los espíritus, son devastadoras para el ser humano. Seguimos nuestro camino colocándonos esponjas humedecidas en las fosas nasales. Concluido el primer tramo

10 El método para viajar a la Luna en *Somnium* es a través de medios sobrenaturales más que tecnológicos. La madre de Duracotus, una bruja llamada Fiolxhilda, y los «demonios de Levania» (siendo Levania el nombre que Kepler da a la Luna) juegan un papel crucial en este viaje. Estos demonios no son malévolos; más bien, son seres de otra naturaleza que pueden transportar a los humanos entre la Tierra y la Luna. Kepler describe un estado de sueño o trance en el que el alma del viajero se libera del cuerpo para realizar el viaje, guiado por estos seres. Este proceso sugiere una transposición espiritual o astral más que un vuelo físico, alineándose con la visión del mundo en la época de Kepler y las limitaciones tecnológicas de su tiempo para imaginar un viaje espacial.

del viaje, nuestro transporte se hace más fácil. Entonces exponemos nuestros cuerpos libremente al aire y retiramos las manos. Todas ellas se recogen en una bola dentro de sí a causa de la presión, condición que nosotros mismos producimos casi con una simple señal de la cabeza. Finalmente, al llegar a la luna, el cuerpo se dirige por sí mismo al lugar que le corresponde. Este punto crítico nos sirve de poco a nuestros espíritus, porque es excesivamente lento. Por eso, como ya he dicho, aceleramos por gravedad y vamos delante del cuerpo del hombre, no sea que por un impacto muy fuerte contra la luna pueda sufrir algún daño. Cuando el hombre despierta, suele quejarse de que todos sus miembros sufren de una lasitud inefable, de la cual, sin embargo, se recupera completamente cuando pasa el efecto de las drogas, de modo que puede caminar.

Ocurren muchas otras dificultades que sería demasiado largo enumerar. Nada nos sucede que sea enteramente malo. ¡Qué largas son esas sombras de la Tierra que habitamos en la Luna de forma compacta! Cuando estos hombres han llegado a Levania, estamos al alcance de la mano. Parece que suben de un barco a tierra. Allí nos retiramos rápidamente a las cuevas y lugares sombríos, no sea que el sol, actualmente al descubierto pero a punto de eclipsarse un poco más tarde desde un agradable lugar de descanso, nos eche fuera y nos obligue a seguir la sombra que se va. Nuestro ingenio se ejercita en los momentos de decisión. Nos unimos a los demonios de esta provincia y comienza una sociedad cuando el sol empieza a faltar en la localidad. Reunidos en multitudes nos desviamos de nuestro rumbo hacia la sombra. Y si la sombra golpea la Tierra con su punta afilada, lo que sucede a menudo, caeremos pesadamente sobre la Tierra y nuestros compañeros, pues no se nos permite otro resultado cuando los hombres han presenciado el eclipse de sol. De esto se deduce que los eclipses de sol son temidos.

En consecuencia, se harán estos comentarios sobre el viaje a Levania. Hablaré de la forma misma de la provincia, empezando, como hacen los geógrafos, por las cosas que le suceden desde arriba.

Aunque toda Levania tiene en común con nosotros el aspecto de las estrellas fijas, se observan muchísimos movimientos y números de planetas diferentes de los que vemos desde la Tierra, de modo que toda su astronomía tiene otro significado.

Así como los geógrafos dividen el globo terrestre en cinco zonas debido a los fenómenos celestes, Levania consta de dos hemisferios: el de los subvolvanos y el de los privolvanos. De estos dos hemisferios, los subvolvanos ven siempre su Volva, o nuestra Tierra, que para ellos es como nuestra luna, y los privolvanos están completamente privados de la vista de su Volva. El círculo que divide sus hemisferios, semejante a la línea de nuestros solsticios, pasa por los polos del mundo y se llama divisor.

Explicaré primero lo que es común a ambos hemisferios. Toda Levania sufre las mismas alternancias que nosotros de día y noche, pero durante el año carecen de otros cambios anuales. En toda Levania sus días son casi iguales a sus noches, salvo por el hecho de que para los privolvanos cada día es regularmente más corto que su propia noche, mientras que el día de los subvolvanos es regularmente más largo. Lo que se altera en un ciclo de ocho años habrá que mencionarlo más adelante. Bajo ambos polos se oculta la mitad del sol para igualar la noche, la otra mitad brilla formando un círculo alrededor de las montañas. Como las estrellas se mueven, Levania parece a sus habitantes no menos inmóvil que nuestra

Tierra a nosotros. Uno de nuestros meses equivale a una de sus noches y un día. Así como en uno de nuestros años el sol gira trescientas sesenta y cinco veces y las órbitas de las estrellas fijas trescientas treinta y seis veces, o, más exactamente, en cuatro años el sol gira mil cuatrocientas sesenta y una veces, pero las órbitas de las estrellas fijas mil cuatrocientas sesenta y cinco veces para nosotros, así que para ellos en un año el sol da doce vueltas, la órbita de las estrellas fijas trece veces, o, más exactamente, en ocho años el sol da noventa y nueve vueltas y las órbitas de las estrellas fijas ciento siete veces. Pero ellos están más familiarizados con un ciclo de diecinueve años. En ese número de años, el sol sale doscientas treinta y cinco veces y las estrellas fijas doscientas cincuenta y cuatro veces.

El sol sale por las partes centrales o más internas del subvolvano cuando nos es visible el último cuarto, y por las más internas del privolvano cuando nos aparece el primer cuarto. Lo que digo de las partes centrales debe entenderse de todos los semicírculos conducidos por los polos y los medios en ángulo recto con el divisor. Se les puede llamar los semicírculos de los medivolvos.

El círculo que es el intermedio entre los polos y que, por ende, produce el mismo efecto que el ecuador de nuestra Tierra, se llamará con el mismo nombre. Corta al divisor en partes iguales y al medivolvo en puntos opuestos. El sol pasa sobre algunos lugares del ecuador en dos días opuestos del año precisamente en el punto del mediodía. Al mediodía el sol se aleja del punto cenit hacia los otros que habitan a ambos lados de los polos.

En Levania hay cierta variación de verano e invierno, pero no debe compararse con la nuestra ni con la que tenemos en los mismos lugares en la misma época del año. En un período de diez años su verano cambia de una parte del año-estrella a la parte opuesta, del mismo lugar previsto. En un ciclo de diecinueve años-estrella o en doscientos treinta y cinco días, el verano ocurre veinte veces y el invierno con la misma frecuencia hacia los polos, y en el ecuador cuarenta veces. Así como nosotros tenemos nuestros meses, ellos tienen seis días en total durante el verano, el resto pertenece al invierno. La misma alternancia apenas se siente alrededor del ecuador porque el sol no se desvía hacia los lados más allá de cincuenta lugares hacia atrás y hacia delante de esos lugares. Se siente más al lado de los polos y de aquellos lugares que tienen o carecen del sol alternativamente a intervalos de seis meses, igual que en la Tierra los que habitamos bajo uno de los dos polos. El globo de Levania está también dividido en cinco zonas que corresponden un poco a nuestras zonas terrestres; es decir, la zona tórrida y la zona frígida tienen apenas diez grados cada una; todo el resto cae en proporción a nuestra zona templada. La zona tórrida atraviesa las partes medias del hemisferio, la mitad de su longitud a través de los subvolvanos, la otra a través de los privolvanos.

Las secciones de los círculos del ecuador y del zodíaco tienen cuatro puntos cardinales. Llamamos a estos puntos equinoccios y solsticios, y de estas secciones parte el círculo zodiacal. Desde su comienzo hasta su consecuencia el movimiento de las estrellas fijas es muy rápido, a saber, veinte años tropicales, es decir, definidos por un verano y un invierno. Las estrellas fijas cruzan a través de todo el zodíaco, lo cual a nosotros nos lleva unos veintiséis mil años, esto en cuanto a su primer movimiento.

La causa de sus movimientos secundarios no es muy diferente de lo que nos parece, aunque es mucho más intrincada. Además de las muchas desigualdades existentes entre nosotros y los seis planetas, Saturno, Júpiter, Marte, el sol, Venus y Mercurio, tienen otras tres que se producen; a saber, dos de longitud, una diurna, la segunda a través del ciclo de ocho años y medio y la tercera de latitud a través de un circuito de diecinueve años. Los centros de los privolvanos tienen el sol al mediodía más que sus homólogos, mientras que los subvolvanos lo tienen menos que si sale el sol. En ambas partes creen que el sol se inclina hacia los subvolvanos durante unos minutos, yendo y viniendo de la eclíptica, y después entre esas estrellas fijas. Estas variaciones, como he dicho, vuelven en el lapso de diecinueve años a sus marcas anteriores. Este vagabundeo se apodera algo más de los privolvanos, algo menos de los subvolvano. Aunque el sol y las estrellas fijas están dispuestos a ocultarse por igual alrededor de Levania después de su primer movimiento, el sol aumenta para los privolvanos al mediodía, pero casi nada por debajo de las estrellas fijas. Al mediodía el sol parece muy veloz para los subvolvanos, aunque lo contrario es cierto hacia la mitad de la noche. En consecuencia, bajo las estrellas fijas se ve que el sol da ciertos saltos, por así decirlo, distintos para cada día.

Lo mismo ocurre en Venus, Mercurio y Marte, pero en Júpiter y Saturno son casi imperceptibles.

Sin embargo, el movimiento de cada día ni siquiera es el mismo cada día a horas similares. A veces es más lento con el sol que con todas las estrellas fijas y, no obstante, más rápido en la parte opuesta del año a la misma hora. Esta lasitud va y viene a través de los días del año de tal manera que ahora ocupa el verano y después el invierno, con lo que se siente la rapidez en otro año. Todo esto ocurre en un ciclo absoluto a través de poco menos de nueve años. El día se hace más largo que la noche (por una lentitud natural, no como lo tenemos en la Tierra, por una sección desigual de la órbita de un día natural).

Aunque la lentitud caiga sobre los privolvanos en medio de la noche, cumple su desvío antes de otro día; si, por el contrario, se completa durante el día, entonces la noche y el día son iguales porque ocurre una vez cada nueve años. Esto cambia completamente para los subvolvanos.

Estas características son comunes a ambos hemisferios.

ACERCA DEL HEMISFERIO PRIVOLVANO

Lo que pertenece separadamente a cada hemisferio es la gran diversidad entre ellos. No solo la presencia y la ausencia de Volva muestran espectáculos muy disímiles, sino que estos fenómenos comunes difieren tanto en tantos aspectos de sus efectos que tal vez se podría llamar más correctamente al hemisferio privolvano «inmoderado» y al subvolvano «moderado». La noche de los privolvanos dura quince o dieciséis de nuestros días, y es terrible con sus sombras interminables, como lo son nuestras noches sin luna. Los rayos del Volva nunca los iluminan. Por eso todo se vuelve rígido por el hielo, la escarcha y los vientos más sagaces y poderosos. Sobreviene un día, catorce de nuestros días largos, o un poco menos en aquellos en los que el sol aparece más grande. El sol es lento bajo las estrellas fijas y no hay vientos. Entonces, se vuelve intolerablemente caliente. Así, por el espacio de uno de nuestros meses, o de un día de Levania, y en un mismo lugar, el calor se vuelve quince veces más fuerte que en nuestra África, y el frío, insoportable.

Especialmente debe tenerse en cuenta que el planeta Marte es visto a veces por aquellos que se encuentran en las partes centrales de la privolva a medianoche, y para otros al comienzo de su propia noche, de un tamaño que es casi mayor que el doble del que lo vemos nosotros.

ACERCA DEL HEMISFERIO SUBVOLVÁNICO

Al cruzar a este hemisferio, comenzaré por sus fronterizos, que habitan el círculo divisor. Particular a ellos es el hecho de que ven las digresiones de Venus y Mercurio desde el sol mucho mayores que nosotros. Para estas mismas personas Venus aparece en ciertos momentos como mayor que el doble de lo que lo vemos nosotros, especialmente aquellos que viven en el Polo Norte.

La más agradable de todas las ocupaciones en Levania es la contemplación de su Volva. Los levanianos disfrutan de la vista de su Volva como nosotros de nuestra luna, de la que los privolvanos carecen por completo porque están en las profundidades. Debido a la presencia perenne de su Volva, esta región se llama subvolva al igual que el resto se llama privolva porque ha sido privado de la vista de su Volva.

Cuando nuestra Luna sale llena y pasa por encima de casas lejanas, los habitantes de la Tierra la vemos igual que el círculo abierto de un gran barril de madera. Cuando se eleva hasta la mitad del cielo, la Luna nos trae a la mente algo parecido a la forma de un rostro humano. Los subvolvánicos ven su Volva en medio de su propio cielo (la Volva toma esta posición para los que habitan en el centro o el ombligo de este hemisferio) con un diámetro un poco menos de cuatro veces más largo de lo que nosotros vemos a nuestra luna, de modo que, si establecemos una comparación de discos, la superficie de su Volva es quince veces mayor que la de nuestra Luna. Para aquellos cuya Volva se clava continuamente en su horizonte, aparece en forma de una lejana montaña ardiente.

Del mismo modo que diferenciamos nuestras regiones por medio de la mayor o menor elevación del polo, aunque no veamos necesariamente el polo en sí con nuestros ojos, la altitud de su Volva siempre presente satisface la misma necesidad para ellos, y varía en diferentes lugares.

Como ya he dicho, la Volva cuelga directamente sobre ciertos lugares, mientras que parece haber sido succionada cerca del círculo del horizonte en el resto de las regiones. En todos los lugares da muestras de una altitud siempre constante.

Los subvolvanos todavía tienen sus propios polos, que no están entre esas estrellas fijas, donde nosotros tenemos los polos del mundo, sino alrededor de otras estrellas fijas, entonces estos son signos eclípticos de los polos para nosotros. En diecinueve años lunares estos polos pasan a través de pequeños círculos alrededor de los polos de la eclíptica bajo la constelación de Draco y sus opuestos, *Xiphias* (Dorado[11]), y *Passer* (Piscis *Austrinus*[12]) y *Nebecula Major* (Gran Nube de Magallanes[13]). Cuando estos polos, en un cuarto de círculo, se alejan de su Volva, de modo que las regiones pueden

11 Dorado (el pez dorado) es una constelación del hemisferio sur. Su estrella más brillante es la variable blanca *Enif a Doradus*.

12 Constelación que formó parte del grupo de cuarenta y ocho que listó Ptolomeo (100-170 de nuestra era, astrónomo y matemático griego) y es una de las ochenta y ocho constelaciones actuales. Tiene la forma de un pez.

13 Galaxia enana que es satélite de la Vía Láctea. Se encuentra a unos 163 000 años luz de distancia.

clasificarse tanto según los polos como según la Volva, es evidente cuán grande es la ventaja con que nos superan. Estos polos marcan la longitud de los lugares por su Volva inmóvil y marcan la latitud tanto por su Volva como por sus polos. Esto difiere para nosotros, porque no tenemos ningún medio de obtener nuestras longitudes, excepto una inclinación muy servil y apenas distinguible de una aguja magnética

La Volva de los subvolvanos permanece como fijada con un clavo a los cielos e inmóvil en ese lugar. Otras estrellas y el propio sol la atraviesan desde que este sale hasta que se oculta. Tampoco hay ninguna noche en la que estrella alguna fija del zodíaco se esconda detrás de esta Volva y emerja de nuevo de la región opuesta. Aunque las mismas estrellas fijas no logran esto todas las noches, aun así, todas cambian completamente entre ellas; es decir, aquellas que se mueven hasta seis o siete grados de la eclíptica. En diecinueve años se realiza el circuito completo para que vuelvan exactamente a sus posiciones originales.

La Volva de los subvolvanos no aumenta ni disminuye menos que nuestra luna. La misma causa existe tanto para la presencia del sol como para la desviación de la Volva. Si se estudia su naturaleza, el tiempo es el mismo, pero los subvolvanos lo miden por un método, mientras que nosotros lo hacemos por otro. Los subvolvanos piensan que un día y una noche es el espacio de tiempo durante el cual se completan todos los aumentos y disminuciones de esta Volva. Nosotros llamamos mes a este espacio de tiempo. La Volva rara vez se oculta a los subvolvanos, incluso en la nueva Volva, debido a su tamaño y brillo, especialmente para los subvolvanos habitantes de los polos que carecen del sol en ese momento. Al mediodía, la Volva gira sus extremidades hacia arriba para los subvolvanos en el período intervolviano propiamente dicho. En general, para los que habitan entre la Volva y los polos bajo el círculo medivolvano, la nueva Volva es el signo del mediodía y el primer cuarto de la tarde. La Volva llena separa partes iguales de la noche, y el último cuarto trae de vuelta al sol. Los que tienen la Volva y los polos puestos en el horizonte viven en la intersección del ecuador con el divisor. Su mañana y su tarde llegan en la Volva nueva y llena, su mediodía o medianoche, en los cuartos. De estas observaciones podemos sacar conclusiones sobre los que habitan entre los lugares descritos anteriormente.

Los subvolvanos diferencian las horas del día por medio de estas y otras fases de su Volva, de modo que cuanto más se acercan el sol y la Volva tanto más cerca está el mediodía para los subvolvanos y la tarde o el ocaso para los medivolvanos. Los subvolvanos están mucho mejor equipados que nosotros para medir los períodos nocturnos, que duran regularmente catorce de nuestras horas. Decíamos que fuera de esa secuencia de fases de la Volva, en la que la Volva llena marca la mitad de la noche para el propio medivolva, la Volva distingue ya sus horas. Aunque la Volva no parece en modo alguno cambiar de lugar, nuestra luna, por el contrario, gira dentro de un lugar y explica adecuadamente el sorprendente número de marcas que cambian persistentemente desde su salida hasta su puesta. Cuando las marcas regresan después de una de estas revoluciones, los subvolvanos tienen una hora de tiempo, equivalente a un poco más de uno de nuestros días y noches. Esta es, pues, la única medida uniforme del tiempo. He indicado más arriba que el sol y las estrellas giran diariamente alrededor de los habitantes de la luna de una manera desigual por el hecho de que esta perturbación de la Volva se proyecta de manera especial si se la compara con las prolongaciones de las estrellas fijas a partir de la luna.

La sección septentrional superior de esa Volva parece tener dos mitades; es decir, una que está bastante oculta, como cubierta de marcas continuas, y la otra algo más clara, y se extiende en el norte una franja brillante sobre la línea divisoria de ambas. La figura es difícil de explicar.

En su parte más oriental percibimos algo parecido a la parte frontal de una cabeza humana, cortada a la altura de los hombros, que se inclina para besar a una niña vestida con una larga túnica mientras su brazo se estira hacia atrás y atrae a un seductor que se lanza hacia ella. La parte más ancha y grande de la mancha se proyecta hacia el oeste sin ninguna forma visible. En la otra mitad de la Volva se extiende un resplandor más amplio que la mancha. Se podría decir que es la imagen de una campana colgada de una cuerda que se balancea hacia el oeste. Las partes superior e inferior no se pueden comparar con nada.

La Volva no se limita a distinguir así las horas subvolvanas del día, sino que da indicaciones claras de las partes del año si alguien le presta atención o si a alguien se le escapa el propósito de las estrellas fijas. Cuando el sol pasa a Cáncer, la Volva indica claramente el Polo Norte de su perturbación. Hay una cierta mancha oscura pequeña encima de la imagen de la niña, insertada en medio del brillo. Este resplandor se desplaza desde la sección más alta y alejada de la Volva hacia el este; y desde allí, una vez que ha efectuado el descenso en el disco, se desplaza hacia el oeste. La marca vuelve a retirarse desde esa última posición hacia la parte superior de la Volva, hacia el este, y siempre aparece allí. Pero cuando el sol entra en Capricornio este punto no puede verse en ninguna parte porque todo el círculo, junto con su polo, se esconde detrás del cuerpo de la Volva. Durante estas dos partes del año las manchas caen directamente hacia el oeste. Durante los períodos intermedios se colocan en el este o en Libra, y las manchas se hunden transversalmente o suben en línea curva. Esta presentación nos enseña que cuando el centro del cuerpo de la Volva permanece en reposo, los polos de la perturbación sobre el círculo polar ártico dan una vuelta alrededor de esos polos una vez al año.

Los observadores más diligentes ven que esta Volva no permanece del mismo tamaño. Durante las horas del día en que las estrellas se mueven rápidamente, el diámetro de la Volva es mucho mayor, de modo que entonces es claramente cuatro veces mayor que nuestra luna.

Ahora, ¿qué voy a decir sobre los eclipses de sol y de Volva que ocurren en Levania al mismo tiempo que los eclipses de sol y de luna ocurren aquí en el globo terrestre, pero evidentemente por razones diferentes? Cuando nosotros vemos el eclipse total de sol, su Volva se eclipsa, mientras que cuando nuestra luna se eclipsa, el sol se eclipsa para ellos. Sin embargo, no todas estas cosas coinciden exactamente. Ellos mismos ven a menudo eclipses parciales de sol cuando a nosotros no nos falla la luna, y a menudo están exentos de eclipses de su Volva cuando nosotros tenemos eclipses parciales de sol. Tienen eclipses de su Volva en Volva llena igual que nosotros tenemos los nuestros de luna en luna llena; tienen eclipses de sol en Volva nueva igual que nosotros en luna nueva. Como tienen días y noches largos, experimentan con mayor frecuencia eclipses de ambos cuerpos celestes. Un gran número de nuestros eclipses cruza a nuestras antípodas, y de los suyos, a sus antípodas. Los privolvanos no ven ninguno de ellos, sino que solo los subvolvanos lo ven todo.

Los subvolvanos nunca ven un eclipse total de su Volva, pero a través del cuerpo de la Volva cruza sobre ellos cierta pequeña mancha, rojiza en sus bordes, oscura en el centro.

Esta pequeña mancha hace su entrada por la sección oriental de la Volva y sale por el borde occidental; lo mismo ocurre con las manchas naturales de la Volva, las cuales las anticipan rápidamente. La duración se extiende a una sexta parte de su hora, o cuatro de la nuestra.

La causa del eclipse solar de los subvolvanos es la Volva, como nuestra luna causa el nuestro. Esto no puede ocurrir, porque sus Volvas miden cuatro veces más que el sol, sin que el sol cruce desde el este a través del sur, detrás de la inamovible Volva hacia el oeste. El sol desaparecería entonces muy cerca detrás de la Volva con el resultado de que una parte o todo el cuerpo del sol quedaría oculto de ella. Frecuentemente se produce un eclipse muy notable de todo el cuerpo del sol, porque dura varias de nuestras horas, cuando la luz, tanto del sol como de la Volva, se eclipsa al mismo tiempo. Esta es una experiencia importante para los subvolvanos que tienen otras noches no tan oscuras como sus días debido al brillo y magnitud de su siempre presente Volva. En el eclipse de sol ambos cuerpos celestes, el sol y la Volva, quedan ocultos para los subvolvanos.

En cuanto a los subvolvanos, los eclipses de sol tienen este punto en común. Ocurre con bastante frecuencia que el resplandor se eleva en el lado opuesto cuando el sol apenas se ha ocultado tras el cuerpo de la Volva, como si el sol se hubiera expandido y abrazado todo el cuerpo de la Volva; sin embargo, en algún otro momento y en tantas secciones el sol aparece menos que la Volva. La oscuridad completa no siempre ocurre, a menos que los centros de los cuerpos coincidan muy cerca unos de otros y las disposiciones regulares de los centros diáfanos se unan. La Volva sí desaparece repentinamente de modo que no puede discernirse en absoluto, aunque el sol se oculta completamente detrás de la Volva, excepto en el momento mismo del eclipse más largo. Al principio de un eclipse total, sin embargo, la Volva aún permanece blanca en algunas secciones del divisor, como si allí estuviera presente un carbón vivo después de que se extinguiera la llama. Cuando esta blancura desaparece, el punto medio del eclipse más largo está presente, pues este no se extingue en nada que no sea el eclipse más largo. Cuando la blancura de la Volva regresa (en lugares opuestos del divisor del círculo), la vista del sol también se acerca. De alguna manera, ambos cuerpos desaparecen en medio del eclipse más largo.

Estas son las apariencias en ambos hemisferios de Levania: tanto en el subvolván como en el privolván. A partir de estas consideraciones, no me resulta difícil emitir un juicio silencioso sobre lo mucho que difieren los subvolvanos de los privolvanos en otros aspectos.

Una noche subvolcánica, aunque dure catorce de nuestras noches, ilumina la tierra y la aleja del frío por la presencia de su Volva. A una masa tan grande, tanto brillo no puede sino mantenerla caliente.

Aunque el día subvolvánico cuenta con la molesta presencia del sol a lo largo de nuestras quince o dieciséis noches, no por ello el sol tiene fuerzas menos hostiles. Las luminarias unidas atraen toda el agua hacia ese hemisferio hasta que la tierra ha sido completamente cubierta, de modo que muy poco de ella es visible. Por el contrario, cuando toda el agua se ha retirado del hemisferio privolván, se vuelve seca y fría. Como los hemisferios tienen las luminarias divididas entre sí, la noche llega a los subvolvanos y el día a los privolvanos. Las aguas se dividen de modo que los campos subvolvanos son despojados de todo, mientras que los privolvanos disfrutan de abundancia de humedad a modo de insignificante alivio del calor.

Toda Levania se extiende no más allá de mil cuatrocientas millas alemanas de circunferencia, una cuarta parte de nuestra Tierra. Posee montañas muy altas, valles muy profundos y anchos y, en consecuencia, se parece mucho a nuestra Tierra en su redondez perfecta. Toda la superficie es porosa, como atravesada por cavernas huecas y cuevas continuas, especialmente prolongadas a través de los privolvanos. Estos lugares huecos son el principal medio que tienen los privolvanos para protegerse del calor y del frío.

Todo lo que brota de la tierra o camina sobre ella tiene un tamaño monstruoso. El aumento de tamaño es muy rápido. La vida dura poco porque todos los seres vivos crecen hasta alcanzar una masa corporal enorme. Los privolvanos no tienen una morada fija. En el espacio de un solo día, recorren todo su mundo en hordas, siguiendo el retroceso de las aguas sobre patas más largas que las de nuestros camellos, sobre alas o en botes. Si es necesaria una demora de muchos días, se arrastran por las cuevas según la naturaleza de cada uno. Hay muchos buceadores entre ellos y todos sus seres vivos respiran muy lentamente. Combinando la naturaleza con el arte, pueden refugiarse en el fondo de las aguas profundas. Dicen que los que están en las profundidades del agua soportan el frío, mientras que en las olas superiores hierve el calor del sol. Los que permanecen en la superficie son hervidos por el sol del mediodía y sirven de alimento a los colonos errantes. En general, el hemisferio subvolvano se compara favorablemente con nuestros cantones, ciudades y jardines, mientras que el privolvano se asemeja a nuestros campos, bosques y desiertos. Otras criaturas que encuentran más necesaria la respiración se retiran a cuevas abastecidas de agua por estrechos canales para que esta pueda enfriarse gradualmente en su largo camino; pero cuando llega la noche, salen en busca de alimento. Si la corteza de los árboles, la piel de los seres vivos o cualquier otra cosa ocupa su lugar, cubre la mayor parte de la masa corpórea porque es esponjosa y porosa. Si alguna criatura es tomada por sorpresa en el calor del día, su piel se vuelve dura, se abrasa y se cae al atardecer. Las plantas en la tierra, y hay algunas en las cimas de las montañas, brotan y mueren en el mismo día, con lo que dejan espacio diariamente para nuevas cosas que crecen.

En general, su naturaleza es como la de una serpiente. Tienen una extraña afición a tomar el sol del mediodía, pero solo cerca de sus cuevas, para poder retirarse con rapidez y seguridad.

Otras, cuyos espíritus se han agotado por el calor del día, pierden la vida, pero regresan durante la noche, por alguna causa paradójica, como la producción de moscas aquí en la Tierra. A lo largo y ancho de todo el suelo hay masas dispersas en forma de piñas de pino. Sus cortezas se queman al sol durante el día y mueren, pero al atardecer producen criaturas vivas cuando se abren los escondrijos.

En el hemisferio subvolvánico, un medio especial para aliviar el calor son las nubes y las continuas tormentas que a veces se apoderan de la mitad o de más de la mitad de la región.

Cuando había llegado a esta parte de mi sueño, se levantó el viento con una lluvia retumbante que me despertó y acabó con uno de los últimos libros que había traído de Frankfurt. Cuando el demonio, el orador, y Duracotus, el hijo con su madre Fiolxhilda, los oyentes, habían quedado atrás, tal como estaban con la cabeza cubierta, volví en mí, encontré que mi cabeza estaba sobre un cojín y mi cuerpo envuelto en una manta.

FIN

Made in United States
North Haven, CT
10 November 2026

22084250R00030